梵蒂冈博物馆
红糖美学 著
世界博物馆全书
第一辑
華中科技大學出版社
http://press.hust.edu.cn
中国 · 武汉
有书至美
BOOK & BEAUTY

前言 Preface

世界博物馆全书系列，是我们对艺术与历史的深刻致敬。我们邀请您开启一段跨越时空的探索之旅，一起深入了解和欣赏世界级博物馆的珍藏。这一系列的创作源自我们对人类智慧和美学的敬畏：我们希望通过呈现各地博物馆中的文物精品，启发读者探索不同文明的交融与发展。博物馆，作为历史的见证，不仅守护着人类过去的辉煌，更是启迪未来的灯塔。

每一座博物馆都是一个独立且丰富的“文化宇宙”。它们不只是静默的艺术品和历史进程的展示空间，更是人类在历史长河中不断探索、理解和创造文明的见证。这些知识的殿堂，作为文化传承与对话的桥梁，使我们得以与远古的智者沟通，感受历史的脉动。

梵蒂冈博物馆，这座坐落在梵蒂冈城中心的博物馆群，自1506年起便成了宗教艺术和文化遗产的重要收藏地。作为世界上最著名的博物馆之一，它不仅收藏了教皇的珍宝，还汇集了全球范围内的艺术杰作，包括雕塑、绘画、地图和历史文献等。其中，西斯廷小教堂内米开朗琪罗的《创世纪》和《最后的审判》等壁画，以其宏伟的规模和精湛的艺术技巧，展现了人类艺术创造的巅峰，成为吸引全球游客的焦点。

在《梵蒂冈博物馆》这一册中，我们将深入揭示这些艺术品和文化珍宝的背后故事及其深远的文化意义，探索它们如何反映和塑造了人类的精神世界。从拉斐尔的客房到古埃及文物的收藏，每一件展品都是对人类智慧和信仰的赞颂。我们希望通过这本书让读者不仅能欣赏到梵蒂冈博物馆内藏品的美学价值，更能理解其在宗教和文化史中的重要地位，体验一次充满灵性和智慧的文化之旅。

目录 Contents

MUSEUM OVERVIEW

博物馆概况

梵蒂冈博物馆位于世界上最小的主权国家——梵蒂冈，它既是世界上最著名的博物馆之一，也是世界上访问量最大的博物馆之一。梵蒂冈博物馆是梵蒂冈建筑群的代表，这个建筑群从15世纪中叶开始扩建和现代化，其中包括圣伯多禄广场、松果庭院、梵蒂冈花园、圣伯多禄大教堂、梵蒂冈宫等。

位置与规模

尽管梵蒂冈的国土面积只有约0.44平方千米，但梵蒂冈博物馆的规模非常宏大，它不仅是集艺术、历史和文化于一体的综合性博物馆，还汇集了全球建筑史上具有重要意义的多座建筑杰作。

梵蒂冈博物馆主要由12座年代不同、风格迥异的收藏馆，以及5条装饰豪华的艺术长廊组成，总面积达5.5万平方米，为故宫博物院总面积的 1/13。该博物馆内部布局复杂，以“院中有馆，馆中有室”著称，游客可参观的大小展厅、展室和房间超过1400个，官方建议的参观路线总长约7000米，行程总时长最少3小时。

该博物馆的藏品数量约为7万件，既包含了希腊、罗马的古代遗物，还汇集了文艺复兴时期欧洲的艺术精华。当然，除了这些无价之宝，美轮美奂的建筑也令到来的游客震撼不已。在历史上，诸多著名艺术家参与了梵蒂冈博物馆的设计和建造，比如布拉曼特、米开朗琪罗、拉斐尔、贝尔尼尼、桑加罗等。

圣伯多禄大教堂

圣伯多禄大教堂，也被翻译成“圣彼得大教堂”，它是世界上最大、梵蒂冈境内最高的天主教教堂，于1506年破土动工，拉斐尔、米开朗琪罗等多位杰出艺术家都参与了它的设计和建造。经过多次的重建和修缮，这座教堂目前占地面积达2.3万平方米，可容纳6万多人在此参加活动，并因历史悠久、保存比较完整，被誉为文艺复兴时期的标志性建筑。

梵蒂冈宫

梵蒂冈宫位于圣伯多禄大教堂的北面，大概始建于13世纪，其核心建筑在教宗尼各老三世在位时竣工。闻名世界的西斯廷小教堂就位于这里。如今，梵蒂冈宫不仅是教宗的居所，也是梵蒂冈的官邸和行政中心。

圣伯多禄广场

1656年，教宗亚历山大七世委托著名建筑师贝尔尼尼设计圣伯多禄广场。之后，大约过了11年，到了格肋孟十世在位的时候，这座“世界上最对称、最壮丽的广场”方才竣工。圣伯多禄广场位于梵蒂冈最东面，长约340米，宽约240米，两侧边缘建有巨型柱廊通道，由四排共计284根塔斯干式圆柱组成。

松果庭院

松果庭院位于开阔的观景楼花园的前庭，因庭院中摆放有一座创作于公元1世纪的松果雕塑而得名。松果雕塑的旁边置有两只青铜孔雀，它们原本是哈德良皇帝的陪葬品。庭院中央有一个很大的金属圆球，它由意大利艺术家阿纳尔多·波莫多罗于1990年创作而成，名为《破碎的地球》。

梵蒂冈花园

梵蒂冈花园是梵蒂冈博物馆不可或缺的一部分，来此参观的游客一般会将这里作为整段艺术之旅的终点。这座花园中种满了各种各样的绿色乔木，喷泉与石碑随处可见，还有一幢建于16世纪中叶的古老别墅，它曾属于教宗庇护四世。

发展历程

梵蒂冈博物馆是世界上历史最为悠久的博物馆之一，其历史可以追溯到16世纪初。在接下来的数百年间，它几经改建，伟大的艺术作品充满这里的每个角落。该馆的发展历程不仅是欧洲大陆历史一角的缩影，也反映了人们对传统文化的保护与传承。

无心之举

1506年1月，在米开朗琪罗等人的强烈推荐下，当时在位的教宗尤里乌斯二世买下了一组刚被发掘出来的大理石雕塑群像——《拉奥孔》，并将其搬运至自己住所的花园中进行公开展示。当然，那时尤里乌斯二世并没有建立博物馆的打算，他只是想丰富自己的个人收藏，但这并不妨碍人们认为他是梵蒂冈博物馆的最初创建者。

文艺复兴

到了文艺复兴时期，梵蒂冈博物馆的收藏品数量迅速增长。许多才华横溢的艺术家，如拉斐尔、米开朗琪罗等，在这里完成了蔚为壮观的壁画作品，我们熟知的《雅典学院》《最后的审判》《创世纪》都出现于这一阶段。这些伟大的作品不仅丰富了梵蒂冈博物馆的艺术收藏，也为欧洲后世的艺术发展奠定了基础。

对外开放

在18世纪下半叶，教宗克雷芒十四世将梵蒂冈宫改造成博物馆对外开放。此后，历代馆长皆由教宗挑选和任命，负责博物馆的管理和维护工作。1775年，庇护六世成为新的教宗，他延续了前任克雷芒十四世对博物馆的建设，继续广泛收集文物和艺术品，直到拿破仑入侵意大利，他被法军俘虏后去世。

扩建与改造

进入19世纪后，梵蒂冈博物馆经历了大规模的扩建和现代化改造。这一时期，博物馆开始系统地对藏品进行分类和整理。20世纪以来，梵蒂冈博物馆逐渐成为一个集文物保护、历史研究和观赏游览等多功能于一体的综合性文化机构，向全世界的游客敞开大门。

DEO

展览设置

梵蒂冈博物馆收集了来自世界各地的珍贵藏品，尤其是欧洲文艺复兴时期的艺术精华，其规模之大、种类之丰富，令很多博物馆都望尘莫及。正如梵蒂冈博物馆写在导览地图上的那句话：『你需要花费很多时间才能看遍这里的藏品，很多时间。』

梵蒂冈博物馆为参观者呈现了一个既古老又现代、既传统又创新的艺术世界。从宗教艺术到世俗艺术，从古代文物到现代艺术品，这里的每一个展区都充满了浓厚的艺术气息。博物馆以展示天主教艺术品为主，但也收藏了丰富多彩的世俗艺术品，以及令人叹为观止的来自古罗马、古埃及、古希腊的重要文物。对于任何热爱艺术和历史的人来说，这里都是一个不容错过的旅游胜地。

◆ 梵蒂冈绘画陈列馆

梵蒂冈绘画陈列馆藏有许多独一无二的画作，其中包括文艺复兴时期画家拉斐尔最为完整的大型祭坛画，以及不计其数的其他大师之作，比如达·芬奇、提香、圭多·雷尼、尼古拉斯·普桑、弗朗切斯科·曼奇尼、多纳托·克雷蒂等。该馆最早的一批藏品主要来自各界赠予教宗的礼物、历任教宗的个人收藏，以及在18世纪修缮圣伯多禄教堂和其他教堂时，工人从祭台上移除下来的大量祭坛画。

◆ 拉斐尔作品陈列馆

拉斐尔作品陈列馆分为四个房间，包括君士坦丁厅、博尔戈火灾厅、签字厅和艾里奥多罗厅，它们都曾是历任教宗的私人寝室，比如尤里乌斯二世、利奥十世、克雷芒七世等。据说，在16世纪初，当时的装饰工程已经进行过半，但教宗尤里乌斯二世见到拉斐尔的设计图纸后，当即决定摧毁著名画家西尼奥雷利和佩鲁吉诺已完成的作品，将绘制房间内所有湿壁画的任务交予他来完成。因此，拉斐尔才留下了《雅典学院》《博尔戈的火灾》《利奥一世与阿提拉的会面》《奥斯蒂亚之战》等旷世佳作。

◆庇护-克雷芒博物馆

庇护-克雷芒博物馆是梵蒂冈博物馆中历史最为悠久的馆舍。最早可以追溯到16世纪初，历代教宗就开始收藏各种做工精良的古代雕塑，这些雕塑后来也成为该馆的核心藏品。庇护-克雷芒博物馆目前包含10个不同主题的房间，但八角庭院是其核心展区，这里展示了一些闻名遐迩的雕塑，比如《拉奥孔》《望楼上的阿波罗》《好运维纳斯》等。

◆波吉亚寓所

波吉亚寓所曾是教宗亚历山大六世的私人宅邸，可分为六个房间和耳房，里面装饰有不逊于西斯廷小教堂、拉斐尔作品陈列馆的精美湿壁画，可谓极尽奢华、金碧辉煌。在这里，游客主要能欣赏到的是文艺复兴时期画家平图里基奥的作品，他与拉斐尔师出同门，都是翁布里亚派画家佩鲁吉诺的弟子。

◆基亚拉蒙蒂博物馆（新翼展厅）

19世纪初，教皇庇护七世上任不久，便决定要修建一个古代艺术博物馆，也就是现在的基亚拉蒙蒂博物馆。于是，他任命当时已是梵蒂冈艺术藏品总监的雕塑家安东尼奥·卡诺瓦，担任该馆的第一任馆长。如今，基亚拉蒙蒂博物馆不仅收藏有数以千计的古罗马雕塑，还存放着许多带有各种铭文的墓碑、纪念碑、石板、石棺等。不过，铭文艺术品一般只面向专业学者开放，且需要提前预约。

◆西斯廷小教堂

西斯廷小教堂是梵蒂冈博物馆最受欢迎的展厅之一，游客们常常为了一睹里面美妙绝伦的壁画，而甘愿排上几个小时的队。当然，这绝对是值得的！在这里，我们能欣赏到《最后的审判》《创世纪》等史诗级作品。你知道吗？米开朗琪罗以其精妙的绘画技艺、深邃的思想和卓越的审美，为西斯廷小教堂完成了总面积超过了500平方米的壁画。

除了上述这些名气比较大的展厅、展室和房间，游客还可以参观额我略-埃及博物馆、挂毯陈列馆、地图陈列馆、梵蒂冈图书馆、民族传教博物馆、圣物博物馆、庇护五世小教堂、乌尔巴诺八世小教堂、尼各老教堂等，这里就不一一赘述了。

博物馆展览分布图

民族传教博物馆

5 铜胎掐丝珐琅大瓶

庇护－克雷芒博物馆

6 拉奥孔

7 贝尔维德雷躯干

8 望楼上的阿波罗

基亚拉蒙蒂博物馆

9 “第一门”的奥古斯都像

10 尼罗河神雕像

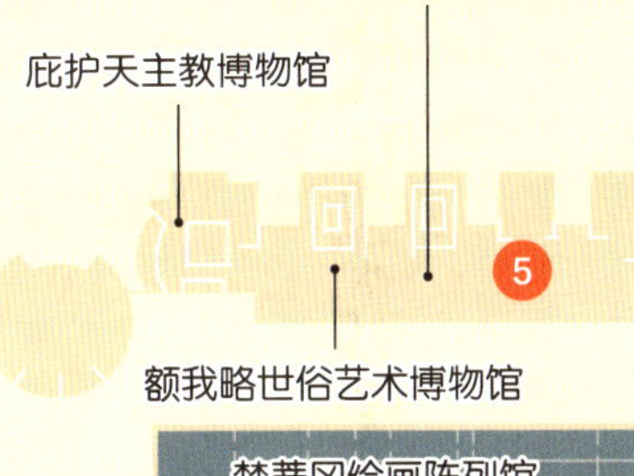

庇护–克雷芒博物馆
6 7 8
额我略–埃及
博物馆
松果庭院
基亚拉蒙蒂博物馆（新翼展厅）
9 10
观景楼庭院
梵蒂冈图书馆
圣物博物馆
波吉亚寓所
西斯廷小教堂
11 12
1层

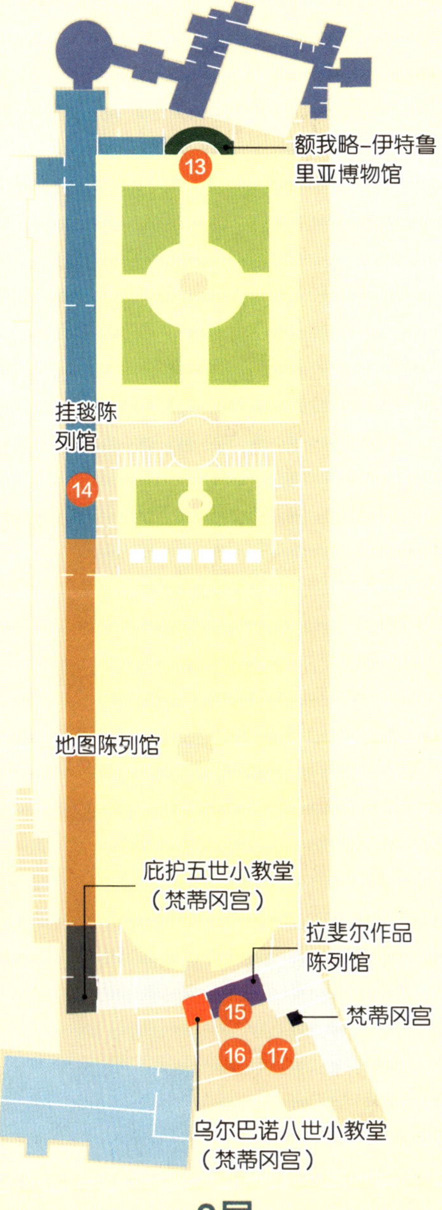

梵蒂冈绘画陈列馆

1《天文观测：火星》

2《圣伯多禄受难记》

3《演奏鲁特琴的天使》

4《基督下葬》

西斯廷小教堂

11《最后的审判》

12《创世纪》

额我略－伊特鲁里亚博物馆

13 大型黄金搭扣

挂毯陈列馆

14《最后的晚餐》

拉斐尔作品陈列馆

15《雅典学院》

16《博尔戈的火灾》

17《帕纳索斯山》

MUSEUM'S
TREASURE
镇馆之宝

创世纪——创造亚当

定格指尖碰撞的一刹那

创作者：米开朗琪罗 · 博那罗蒂
创作年代：1508 年—1512 年
类型：湿壁画
尺寸：高 280 厘米；宽 570 厘米
来源地：梵蒂冈

亚当赤身裸体地躺在草地上，他似乎刚从睡梦中醒来，正用懵懂而渴望的目光注视着上帝。他的面容平静而好奇，肌肉强壮而结实，向众人展示了独属于男性裸体的阳刚之美。然而，此时他尚未获得智慧和灵魂，因此整个人看起来十分无力。

整个画面最吸引人的地方，就是上帝和亚当指尖之间的那一丁点距离，米开朗琪罗耐人寻味地没有让他们的手相互触碰，给了我们无尽的想象空间——仿佛下一秒，我们就能看到他们的指尖燃起熊熊的“生命之火”。

《创造亚当》是米开朗琪罗为西斯廷小教堂创作的天顶画《创世纪》的一部分，它描绘的是西方传说中上帝创造人类始祖亚当的故事。画家没有直接画出上帝创造亚当的过程，而是别出心裁，选择展示上帝即将赋予亚当智慧与灵魂的一瞬间。这幅壁画可谓是《创世纪》中最著名的、最具影响力的一幅，画中人物的动作更是成为西方艺术史上的经典样式，被后世不断地模仿和借鉴。

上帝被塑造成一位穿着飘逸长袍的白胡须老者，他从天上飞来，用慈父一般的目光看向自己的“杰作”，并舒展右臂，想要向亚当的身体里注入智慧与灵魂。

关于上帝周围的形象有许多臆测，其中认可度比较高的是：被上帝揽住脖子的是夏娃，而其他11个人物象征性地代表了亚当和夏娃未出生的后代和整个人类的灵魂。

小提示

绘制《创世纪》时，虽然米开朗琪罗有很多助手，但他大多时间都一个人待在西斯廷小教堂中，在高达18米高的脚手架上，孤独地仰望着天顶，一边思考一边作画。湿壁画的创作堪称一场意志和身体的折磨，这件巨幅壁画彻底摧毁了米开朗琪罗的健康，导致他面容过早地衰老，视力和颈椎也受到了损伤。

米开朗琪罗肖像

创世纪——创造天体和草木

画家心目中的伟大故事

创作者：米开朗琪罗·博那罗蒂
创作年代：1508 年—1512 年
类型：湿壁画
尺寸：高 280 厘米；宽 570 厘米
来源地：梵蒂冈

《创世记》是《圣经》的第一卷，内容是流传于犹太人中关于上帝创造世界万物和人类始祖，以及犹太人远祖的传说故事。按照《创世记》的内容，上帝在六日内创造了宇宙万物，第七日完工休息。这个画面描绘的就是第三天的情形，身着宽松长袍的上帝向着远处飞去，观者只能看到他的后背。

这幅壁画以在创世的第三天和第四天所发生的事情为题，左边讲的是上帝创造了植物，右边讲的是上帝创造了两个大光体，即太阳和月亮。在这个场景中，上帝依然被描绘为在天空中自由翱翔的形象，只见他目光坚定、神态庄重地发出指令，体现了他作为天地万物主宰的绝对权威。

上帝展开双臂，右手指向位于画面中间的太阳，左手指向处在画面边缘的月亮。

四个赤身裸体的天使紧紧跟随在他的身后，躲在他飘逸的袍子之中。整个画面被营造得气势十足，形成一种强烈的视觉冲击力，使观者能直观地感受到画家对上帝这位天上和人间之王的崇拜。

在文艺复兴之前，宗教画中的人物是没有“人气”的，他们不仅表情严肃甚至麻木，连衣服都厚重板正，不见褶皱，与现实世界完全割裂。到了文艺复兴时期，米开朗琪罗笔下的基督身着深粉色的柔软长袍，显现出鲜明且自然的人体曲线，这是当时人们追求自由与解放的一种体现。

小提示

在接受教宗儒略二世的邀请，来到西斯廷小教堂之前，米开朗琪罗其实并没有多少创作壁画的经验。不过，即便如此，他还是相当出色地完成了这项任务。《创世纪》位于西斯廷小教堂大厅的中央天顶，其宽14米，长38.5米，总面积约为539平方米。

创世纪——创造夏娃

塑造女性的神圣之美

创作者： 米开朗琪罗 · 博那罗蒂

创作年代： 1508 年—1512 年

类型： 湿壁画

尺寸： 高 280 厘米；宽 370 厘米

来源地： 梵蒂冈

位于左下角的亚当仍在沉睡，他以有些扭曲的姿态躺倒在树桩前，脑袋自然而然地低垂在左肩上，令其体魄之强健显露无遗。文艺复兴时期，解剖学对许多人来说还是一门新兴的科学，但米开朗琪罗已经走在时代的最前沿，亲自解剖了数十具尸体，这样的经历令他比许多医生更加了解人类的身体构造，也让他笔下的裸体形象变得生动形象，贴近现实。

《创造夏娃》位于西斯廷小教堂天顶的正中央，描绘的是《创世记》中上帝为亚当创造伴侣的场景。相传，上帝从熟睡的亚当身上取下一根肋骨，创造了世界上第一个女人——夏娃。这幅壁画与《创世纪》中的其他画作相同，都采用了简单甚至看起来有些贫瘠荒芜的背景，这使得观者的视线能够迅速集中在人物的身上。

在《创世纪》所有壁画中，这是米开朗琪罗最早构想并塑造的上帝形象。他长有茂密的头发和胡须，全身被包裹在宽大的红衣灰袍中，时刻显示出造物主的无上威严。在之后的创作过程中，画家几乎完全改变了上帝的容貌和衣着，这体现了他对人文主义的反思与顿悟。

小提示

西斯廷小教堂竣工于1483年，因其是在教宗西斯都四世的命令下建造的，故而得名。这座教堂由一座叫作“大礼拜堂”的中世纪遗址翻盖而来，尺寸与原建筑相同，原本只是教宗个人的祈祷所，现为梵蒂冈博物馆的一部分。教堂内的所有壁画皆取材于《圣经》。除了米开朗琪罗，著名画家波提切利、西尼奥·雷利等人也参与了这座教堂的装饰工作。

西斯廷小教堂一隅

处于画面中央的就是夏娃，她有着不逊于成年男性的强健身躯，以及泛着明亮光泽的肌肤。此时，她似乎刚从亚当的身后缓缓站起，正谦卑地俯屈着身体，跟随上帝的右手，抬起自己的脑袋。夏娃的脸上写满了谦卑之情，她合起双手，感激上帝赋予自己珍贵的生命。

创世纪——原罪，被逐出乐园

惊艳世人的精妙构图

创作者： 米开朗琪罗 · 博那罗蒂
创作年代： 1508 年—1512 年
类型： 湿壁画
尺寸： 高 280 厘米；宽 570 厘米
来源地： 梵蒂冈

整个画面的叙述节奏从左到右流动，而知善恶树是两个情节的分界线。细看画面，你会发现天使与魔鬼似乎是纠缠在一起的，它们共同盘踞在知善恶树上，对亚当与夏娃发出“指令”，就像是一对分别代表善与恶的双胞胎。如此富有深意的安排，很难说画家是无意为之。

在左边的场景里，夏娃是整个画面的焦点，她身形健美、体态丰腴，洋溢着澎湃的生命力。画中的夏娃大胆地采摘着树上的果实，她的脸上没有畏惧、贪婪、愧疚之情，动作十分自然。

这幅壁画体现了亚当、夏娃偷吃禁果和他们被逐出伊甸园两个情节。整个画面被蛇和天使盘踞的知善恶树一分为二：左边描绘的是魔鬼幻化成一条毒蛇，引诱亚当和夏娃去采摘树上的果实；右边描绘的是天使挥动锋利的宝剑，按照上帝的旨意，将亚当和夏娃逐出伊甸园。米开朗琪罗认为，好的绘画必须有雕塑那样的体积感。因此，在他所创造的众多人物中，即使是女性也有着健美壮硕的身材，比如这幅壁画中的夏娃。

在右边的场景里，亚当居于画面中心，面对天使的驱逐，他抬起双手，试图保护自己和妻子，展现出了用力瞬间人体肌肉的真实状态。

而夏娃畏惧地夹着胳膊，小心翼翼地躲在亚当的身后。如果我们仔细观察夏娃的外貌，会发现她有着酷似成年男性的面容和身材，这可能源于米开朗琪罗对力量美的追求。

小提示

梵蒂冈博物馆还有一幅与《原罪，被逐出乐园》同题材的壁画，名叫《亚当和夏娃的故事：原罪》，它被装饰在梵蒂冈宫凉廊的一处拱柱上，作者是拉斐尔。尽管拉斐尔互换了画中亚当和夏娃的位置，并着重描绘了伊甸园中的旖旎风景，但我们依然可以明显地看出，他是从米开朗琪罗的作品中汲取的灵感。

文物小知识

《创世纪》：绝无仅有的杰作

这组体量巨大的壁画主要由三组故事组成，第一组是《神分光暗》《创造天体和草木》《神分水陆》；第二组是《创造亚当》《创造夏娃》《原罪，被逐出乐园》；第三组是《诺亚献祭》《大洪水》《诺亚醉酒》。1512年11月1日，《创世纪》最终面世，这组蔚为壮观的壁画为年仅37岁的米开朗琪罗带来了前所未有的名声，也成为西方美术史上难以逾越的高峰。人们深深折服于他远超同时代其他画家的才华，纷纷称赞他为“神圣的米开朗琪罗”。

数以百计的人物

《创世纪》规模庞大，气势恢宏，画家按拱顶的结构布局，使整组壁画与建筑完美地结合在了一起。时隔五百多年后，当人们站在教堂大厅仰望天顶时，依然会被其磅礴的气势所震撼。整组壁画由九幅中心画、五组男性裸像、十二位预言家像、四幅角落图，以及八幅基督祖先故事画等组成，共描绘了343个形态各异的人物。

四幅角落图中的两幅

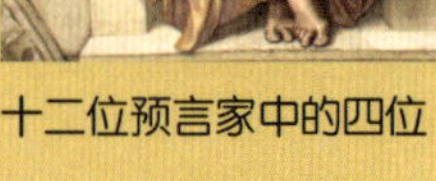

十二位预言家中的四位

画家的“自画像”

有趣的是，米开朗琪罗也将自己画进了《创世纪》，他用自己的形象塑造了预言家耶利米。在传说中，耶利米曾遭遇无尽的痛苦，经历过冤狱、拷打、流放，最后客死他乡。后世将其称为“哭泣的先知”。

绝望与希望并存的《大洪水》

米开朗琪罗推崇人体之美，他笔下的裸体形象不情色、不落俗、不变形，只用肢体就能表现出人物的性格与情绪。在《创世纪》的九幅中心画中，《大洪水》描绘的人物最多，他们大都衣不蔽体，以全裸或半裸的形象出现。这幅画的主题是“洪水灭世”，表现了人类在可怖的大灾难中苦苦挣扎的场景，整个画面都充斥着悲怆和痛苦之情。

《大洪水》 米开朗琪罗

“诺亚”到底是谁?

除了基督和亚当、夏娃，诺亚也出现在《创世纪》的核心部分。相传，在大洪水中，诺亚一家因躲进方舟而幸免于难，诺亚也因此成为洪水灭世后的人类新始祖。

《诺亚献祭》：大洪水退去后，在家人的帮助下，诺亚以羔羊献祭。诺亚以长须老者的形象出现，他站在熊熊燃烧的炉灶前，高举右手，似乎正在指挥众人添柴，要将炉灶烧得更旺一些。在前景中，有三个年轻的男人或宰杀牲畜，或往炉中吹气，或压住受惊的羔羊，他们都是诺亚的儿子。

《诺亚醉酒》：这个故事发生在大洪水、献祭之后。相传，有一日诺亚浑身赤裸地醉倒在葡萄园中，他的儿子们看到后，一个着急地将毯子披盖在父亲身上，另外两个则对父亲指指点点，流露出些许反感的神情来。画家并没有因为人物的主次关系而敷衍对待，画面中出现的每个人都鲜明生动，即使是作为背景的农民也有着极为精准的人体比例。

雅典学院

对人类智慧与理性的讴歌

创作者：

拉斐尔·桑西

创作年代：

1508 年—1511 年

类型： 湿壁画

尺寸： 高 279.4 厘米；

宽 617.2 厘米

来源地： 梵蒂冈

柏拉图：他是著名的古希腊哲学家，同样也是柏拉图学园的创建者，因此他有

亚里士多德：他是古希腊哲学家，柏拉图的学生之一，创立了古希腊历史上重

毕达哥拉斯：他是古希腊哲学家、数学家，也是西方最早提出勾股定理的人。他建立

欧几里得：他是古希腊数学家，完成了世界上最早的公理化数学著作《几何原

作为拉斐尔的巅峰之作，《雅典学院》被认为是签字厅中最为著名的作品。在狭小的房间中，这幅画独占了一面主墙，它取材自古希腊哲学家柏拉图所建的雅典学园，以复杂的视角，打破了时空界限，让来自哲学、数学、音乐、天文等不同领域的文化名人齐聚一堂，表现人类对智慧和真理的追求，展现了画家强大的想象力和创造力，以及对透视法的熟练运用。

赫拉克利特：他是古希腊著名哲学家。在整个画面中，只有他是单独出现且不与任何人产生互动的。据说，这是因为他就是拉斐尔偷偷参观西斯廷小教堂后添加的人物，并且几乎与米开朗琪罗长得一模一样。

希帕提娅：她是世界上第一位女性数学家。据说她具有超越常人的智慧，在30岁的时候就成了新柏拉图哲学学派的学术领袖。她是天体观测仪和比重计的发明者。

拉斐尔：拉斐尔也将自己放入了画中，只不过他变成了一个戴着黑帽的旁观者，处在画面的边缘。他与其他学者没有任何互动，并且似乎正在凝视身处画面之外的我们。

《基督变容》

小提示

拉斐尔在罗马创作的湿壁画历来被认为是壁画艺术的典范之作。然而，湿壁画的创作过程十分艰苦繁复，会损耗画家的精神和体力。在拉斐尔人生的最后十年，他不仅为梵蒂冈教宗宫创作了一系列壁画，还在1514年接手了圣伯多禄大教堂的建筑工作，次年又负责管理教廷文物，同时为教宗宫的挂毯描绘底图，为贵族定制肖像画，工作极其繁忙。最终，他在37岁时劳累致死，遗作《基督变容》由他的弟子接手完成。

文物小知识

文艺复兴：冲破黑暗时代

在14世纪—16世纪，欧洲掀起了一场新兴资产阶级思想文化运动，这场运动最初开始于意大利，后扩大到德、法、英、荷等欧洲其他国家。因为16世纪资产阶级史学家认为这场运动反对中世纪的禁欲主义和宗教观，主张复兴古希腊、罗马文化，所以他们将其称为“文艺复兴”。

“画坛三杰”

在这一时期，意大利在诗歌、绘画、雕刻、建筑、音乐上取得了突出的成就，并涌现出名留青史的“画坛三杰”，即拉斐尔、米开朗琪罗和达·芬奇。梵蒂冈博物馆同样也收藏了达·芬奇的作品——《圣·杰罗姆在荒野中祈祷》，只不过这幅画十分特殊，因为它是未完成品。

拉斐尔自画像

米开朗琪罗自画像

达·芬奇自画像

文艺复兴的其他艺术家

当人们一提到“文艺复兴”，所有话题基本是围绕“画坛三杰”展开的，然而在这场伟大的思想解放运动中，还有许许多多的艺术家做出了贡献。比如，代表最后一批锡耶纳画派画家的多梅尼科·贝卡富米，他既吸收了拉斐尔的艺术风格，又突破了作品一定要“完美、优雅”的传统观念，成为文艺复兴后期的先锋艺术家。

《叛逆天使的堕落》 多梅尼科·贝卡富米

《圣母的诞生》 多梅尼科·贝卡富米

文艺复兴时期的“奢侈品”

拉斐尔在梵蒂冈博物馆留下的所有壁画都属于湿壁画。湿壁画起始于13世纪的意大利，盛行于16世纪的意大利中部，因画家在绘制时壁面要一直保持湿润而得名。每次绘画时，画家都需要先在墙壁上涂抹数层灰泥，再趁着灰泥干燥前迅速勾线上色，而画不完的部分需要剔除后重来。

这种壁画肌理细腻、颜色鲜艳、不易剥落和龟裂，但它的制作费用很高昂、创作难度很大，所以我们往往只有在教堂、修道院、宫殿或贵族的庄园才能见到它的踪迹。除了拉斐尔，还有许多画家留下的最棒的作品也是湿壁画。

《圣礼的争辩》 拉斐尔

贞提尔·贝利尼是威尼斯画派的代表人物之一，他的父亲雅各布被誉为文艺复兴时期威尼斯绘画艺术的“拓荒者”，弟弟乔凡尼则是威尼斯画派创始人。

《圣洛伦佐桥的真十字奇迹》 贞提尔·贝利尼

菲利皮诺·利比比拉斐尔、米开朗琪罗成名更早，他是佛罗伦萨画派的代表人物之一，也是活跃于文艺复兴早期的画家。他与另一著名艺术家桑德罗·波提切利，也就是《维纳斯的诞生》的创作者，维持了令人羡慕的长久友谊。

《天使报喜》 菲利皮诺·利比

PIVS·VII·PONT·MAX·

MUSEUM
COLLECTION
TREASURES
馆藏珍品

拉奥孔

充满悲剧色彩的伟大抗争

雕塑的整体架构呈上窄下宽的金字塔形，这使得它看上去层次分明、高大稳定。在此基础上，艺术家放弃了追求传统的对称之美，使三个人物的身体都扭转向一边，并巧妙地加高了拉奥孔及其次子的位置，让观众的目光自然而然地由高向低、由左向右流动。

创作者：阿格桑德罗斯

创作年代：公元前 1 世纪

类型：大理石雕塑

尺寸：高 225 厘米

来源地：希腊罗德岛

1506年，人们在艾斯奎林山的葡萄园中找到了7块大理石碎片。经过修复后，一组残缺却栩栩如生的雕塑群像出现在世人的眼前，这一发现立即在古罗马艺术界引发了巨大的反响，并且这组雕塑至今仍跻身于世界上最著名的古代雕塑之列。据专家推断，这件艺术品取材于希腊神话中的特洛伊之战，描绘了特洛伊城的祭司拉奥孔及其儿子被巨蛇咬死的景象。

在这组雕塑群像里，拉奥孔被塑造成一个须发茂盛、面容沧桑的老人。只见他的脑袋向后仰，面部肌肉因疼痛和紧张而收紧，额间挤出深深的皱纹，嘴巴微张着，似乎正发出一阵阵痛苦的呻吟声，而不是尖锐的哀号。

拉奥孔的右边站着他的幼子，因为这个孩子年纪很小，没有什么力气，整个人几乎已经被巨蛇卷倒在地。濒临死亡之时，他竭尽全力地举起了自己的右手，企图向冷眼旁观的人们呼救，又抬起左手，无力地抓着正撕咬他的蛇头，试图阻止巨蛇的攻击。

拉奥孔的左边站着他的长子，这个少年在巨蛇的缠绕中奋力挣扎，并将目光投向了自己的父亲，似乎想要向他询问为什么会发生这种事情。然而，父亲与弟弟的惨状令他惊骇万分，不由得用力向后闪躲，脸上流露出对死亡的巨大恐惧，仿佛痛苦流经了他所有的肌肉、神经和血管。

小提示

痛与美共生：包括《拉奥孔》在内，许多古希腊雕塑都笼罩在紧张而惨烈的气氛之下，描绘的都是人物在痛苦和反抗状态下的种种姿态。不过，古希腊艺术一直追求的是一种“理想美”，而非“真实美”。因此，被塑造的这些人物虽然肢体扭曲、表情痛苦，却并不丑陋、狰狞、可怕，反而显得优雅、不屈，甚至富有浪漫的悲剧色彩。

《垂死的高卢人》 罗马卡庇托利美术馆

《抢劫海伦》 圭多·雷尼

文物小知识

拉奥孔：悲剧的杰作

在梵蒂冈博物馆的珍宝之中，拉奥孔雕像以其惊世骇俗的艺术表现力独树一帜。这不仅仅是一件雕塑作品，更是一段历史与神话交织的时光凝结，讲述了一个关于预言、背叛的悲剧故事。

悲剧的起因

传说，特洛伊王子帕里斯出使希腊时，在爱神阿佛洛狄忒的帮助下，与希腊王后海伦暗生情愫，并与她相约私奔出逃，一路逃回了特洛伊城。为了夺回海伦，希腊立刻集结军队，对特洛伊城发起了猛烈的进攻。这场残酷的战争持续了整整十年，被称为特洛伊之战。

木马计

在特洛伊之战中，古希腊英雄奥德修斯设下了木马计。他先是命令士兵建造了一只巨大的木马，并安排一支小分队躲藏进木马的腹中，然后带着大部队登上战船，假装撤兵。特洛伊人见状以为自己取得了战争的胜利，就想将希腊人遗留的木马作为战利品拖回城中。

《特洛伊木马的建造》 乔万尼·多米尼克·提埃波罗

《特洛伊木马入城仪式》 乔万尼·多米尼克·提埃波罗

《拉奥孔》 埃尔·格雷考

是谁杀了拉奥孔？

这个时候，一名叫拉奥孔的祭司站了出来，他极力劝阻大家不要上当，还向木马投掷武器。他的行为惹怒了支持希腊的女神雅典娜，于是她立即派出两条巨大的海蛇，去袭击拉奥孔及其儿子。眼见拉奥孔一家被巨蛇撕咬缠绕，特洛伊人更加相信木马是不可亵渎的神圣之物，因此没有人愿意对他们施以援手。最终，拉奥孔和他的两个儿子惨死蛇口，特洛伊城也因轻敌而覆灭。

由一只遗失的手臂引发的百年争论

1506年，人们在发掘罗马皇帝尼禄的宫殿遗址时，意外发现了这组雕塑，当时拉奥孔父子三人的右手及右臂都是残缺的。在米开朗琪罗等人的极力劝说下，教宗尤里乌斯二世最终买下了它。1532年，当时的罗马教皇指派艺术家乔凡尼·安吉洛·蒙托索里主持修复工作，还召集了许多艺术家共同商讨如何复原缺失的部分。

这幅版画记录了《拉奥孔》出土时的状态
现藏于大英博物馆

伸直手臂的拉奥孔素描　法国国家图书馆藏

在商讨修复方案时，乔凡尼认为拉奥孔应该向天高举右臂，这样才能够体现他反抗命运的不屈精神，而米开朗琪罗却认为此时的拉奥孔深陷恐惧与绝望之中，他的手臂应是蜷曲回折的。由于更多的人赞同前者的观点，拉奥孔高举右手的画面在当时广为流传。

这场争论一直持续到400年后的1906年，人们在宫殿遗址居然挖出了一截断臂，然而因为遗址的面积非常大、文物很多，二者时间又相隔甚远，当时没人将二者联系起来。接着，又过去了几十年，梵蒂冈博物馆的工作人员偶然间将断臂和拉奥孔拼在一起，发现二者竟然完美吻合，这才有了如今我们看到的拉奥孔。

于是，这场持续数百年的争论，最后以米开朗琪罗胜利而落下帷幕。

雅典娜雕像

『第一门』的奥古斯都像

古典美的不朽魅力

虽然这尊雕塑有着宽阔的肩膀、粗壮的四肢，展现了宛如运动员般充满力量的身材，但奥古斯都本人其实十分矮小瘦弱，也远没有雕塑那般英俊。据说，奥古斯都很推崇这种效仿古希腊并将人物理想化的艺术风格，因此美术史将这种风格称为“奥古斯都古典主义”。

在奥古斯都的右脚边有一个可爱的男婴，他背后生有一对小小的翅膀，正跨坐在一只海豚的背上，仰头注视着强壮高大的奥古斯都。有人认为这个男婴描绘的是罗马神话中的小爱神丘比特，雕塑家想以此表达奥古斯都大帝是一名充满仁爱之心的君主。

创作年代： 公元前 19 年—前 13 年

类型： 大理石雕塑

尺寸： 高 219 厘米

来源地： 意大利

1863年4月20日，人们在意大利罗马北部的“第一门”区域发现了这尊奥古斯都像，当时这尊石像被竖立在奥古斯都的妻子莉薇娅的别墅中。奥古斯都是罗马帝国的开国皇帝，也是罗马帝国在位时间最长的皇帝。相传，这尊石像是复制品，其原作是一件同等大小的、创作于公元前1世纪的青铜像。

铠甲上的浮雕无一不表明奥古斯都拥有高贵的身份，应在人间享有至高无上的权力。

浮雕上方是罗马神话中的众神之王朱庇特，在他的身下奔驰着象征胜利的驷马战车，而两位美丽的女神正在为战车引路。

中间的场景则重点描绘了帕提亚国王向奥古斯都归还罗马鹰旗，以示帕提亚国向罗马俯首称臣。

浮雕下方是大地女神忒拉，在她的右上角是骑着狮鹫、演奏着七弦琴的太阳神阿波罗，在她的左上角是骑着雄鹿、拿着弓箭的月亮女神戴安娜。

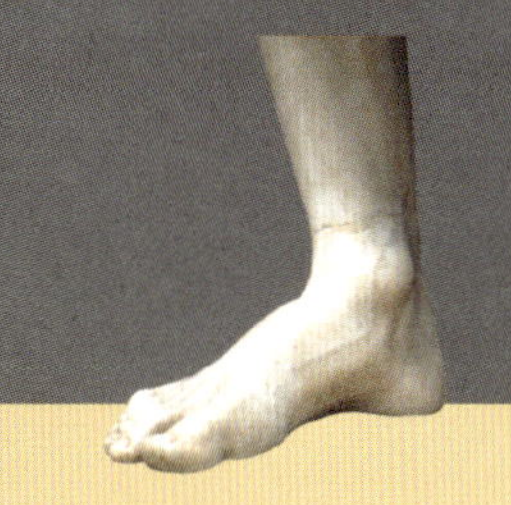

为什么他光着脚?

古希腊人认为健壮结实的身躯是美的、神圣的、值得欣赏的，因此大多数神话人物雕塑都赤身裸体，向众人展现自己“毫无保留”的一面。虽然这一时期，罗马人在生活中并没有打赤脚、裸露隐私部位的习俗，但因罗马人深受古希腊文化的影响，很多英雄雕塑都被设计成光脚的形象，我们可以将这个细节理解为艺术家对人物的一种“神化”。

《赫拉克勒斯和儿子》

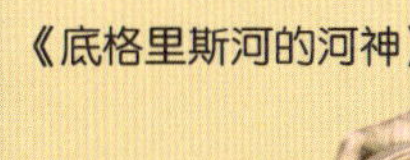

《底格里斯河的河神》

文物小知识

奥古斯都：被神化的罗马帝国缔造者

在古罗马的辉煌史册中，奥古斯都的名字犹如一颗耀眼的星辰，他不仅是罗马帝国的开创者，更是历史上第一位被神化的皇帝。从“第一门”的奥古斯都像中，我们可以窥见这位伟大统治者的威仪与智慧。这不只是一尊雕像，而是一个时代的缩影，一个帝国的象征。奥古斯都的故事，充满了权谋、智慧与传奇，他的统治不仅奠定了罗马帝国的基石，还对后世产生了深远的影响。

“奥古斯都”是谁？

这尊雕塑的原型是罗马帝国的缔造者——盖乌斯·屋大维·奥古斯都，他出生于公元前63年，曾统治罗马长达40年。在罗马共和国时期，盖乌斯·尤利乌斯·恺撒（也就是恺撒大帝）独掌大权，因为在三段婚姻中都没有生下儿子，他便收养了自己的一个远房亲戚，也就是屋大维。恺撒身亡后，屋大维击败了自己的竞争对手，建立了罗马帝国。公元前28年，他被元老院授予“奥古斯都”称号，意思是“神圣而伟大”。之后，这个称号也成为罗马及欧洲帝王习用的头衔。

戴头巾的奥古斯都头像
马尔凯国家考古博物馆

奥古斯都与万神殿

到了晚年，奥古斯都几乎被罗马人当成神明崇拜，他的塑像甚至被摆放在神庙中。位于古罗马城的中心地带有一座万神殿，大门两侧的壁龛中曾经放有他及其助手的石像。作为真实存在的凡人，他却能与众神同处一个空间，享受众人的礼拜，这也是当时人们神化统治者的结果。奥古斯都死后，罗马元老院将八月改称为“奥古斯都”，这也是八月的英文“August”名称的由来。

罗马帝国的建立

恺撒在世时，他虽然没有称帝，但在国内施行专制统治，还曾指定屋大维为自己的第一继承人。当恺撒遭到元老院成员的刺杀后，为了给他报仇，屋大维与安东尼、雷必达结盟，带领军队杀死了反叛者，并在战争中敛取了巨额财富。

《刺杀恺撒》 卡尔·冯·皮洛蒂

然而，三人的盟友关系并没有持续太久：雷必达在激烈的权力斗争中逐渐失势，被剥夺了军权；而作为屋大维最大的竞争对手，安东尼为了巩固自己在埃及的势力，迎娶了托勒密王朝的女法老——克利奥帕特拉七世（也就是埃及艳后），但这也使他丧失了罗马人的支持，最后被屋大维率领的罗马大军打败，并自杀身亡。

《梅塞纳斯向奥古斯都皇帝展示义学艺术》 乔万尼·巴蒂斯塔·提埃波罗

而随着统治古埃及的托勒密王朝的覆灭，屋大维凭借杰出的军事和政治才能，建立了跨越欧、亚、非三大洲的罗马帝国。为了歌颂他的功绩，人们为他修建华丽的庙宇，打造黄金塑像。在古希腊和古罗马，国王、统治者、英雄人物经常被视为神的后裔，为了证明自己有权坐享皇帝之实，屋大维也自称“神之子”，尤其喜欢被人称为“太阳神阿波罗之子”。

罗马万神殿内外风景

贝尔维德雷躯干

充满力与美的男性残躯

虽然雕塑的头部和颈部已不见踪影，四肢也残破不全，但其生动的形态、充满活力的肌肉线条，让人仿佛能感受到那颗跳动的心脏，听到那强有力的心跳声。

观察这尊呈坐姿的男性雕像，我们可以注意到其上半身的扭曲角度非常显著，这种扭曲带来的不仅是视觉上的动感，更是肌肉线条与体块变化的艺术展现。雕刻家以精湛的技艺，刻画了躯干上每一块肌肉的细微差别，从肩部到胸肌，再到腹部的线条，每一处都流露出力量与美的结合。

雕像的身子下面铺有一张打着褶皱的兽皮，人们由此推测，这座雕塑的原型就是古希腊神话中的英雄赫拉克勒斯。传说，他生来就有神力，青年时期曾徒手绞杀了一只巨大的雄狮。

创作者：阿波罗尼奥斯
创作年代：公元前 1 世纪
类型：大理石雕塑
尺寸：高 159 厘米
来源地：希腊罗德岛

显而易见，这座人物雕塑只剩下躯干以及大腿部分，这也是它被命名为“贝尔维德雷躯干”的原因。虽然它破损得十分严重，但它依旧被认为是梵蒂冈博物馆中最值得一看的艺术品。因为这座雕塑的下部刻有古希腊雕塑家阿波罗尼奥斯的签名，所以人们普遍认为它是极其珍贵的古希腊雕塑原作。

这些肌肉不仅体现了人体的力量美，更像是充满张力的语言，讲述着关于力量、勇气和英雄主义的故事。雕刻家在塑造肌肉时并没有故意夸张，而是追求自然的隆起，这样既显得肌肉硕大而结实，又不失匀称之美，看起来就像是一头蓄势待发的野兽，随时就会爆发出惊人的力量，将敌人一举击溃。

为什么残缺的雕像很吸引人？

因为种种历史原因，很多古代雕塑如今只剩下一部分，但这并不妨碍人们为它们献上溢美之词，甚至认为修补其缺失部分是一件没有意义的事情。当然，这也是有原因的。在古希腊和罗马时期，雕塑家追求的是人体的完美比例和动态平衡，而破损的雕像通常呈现的是人体的某一部分，这使得原作容易被忽略的一些细节被巧妙地放大，我们更容易感受到雕塑家所追求的极致的人体之美，及其雕刻技艺的高超之处。

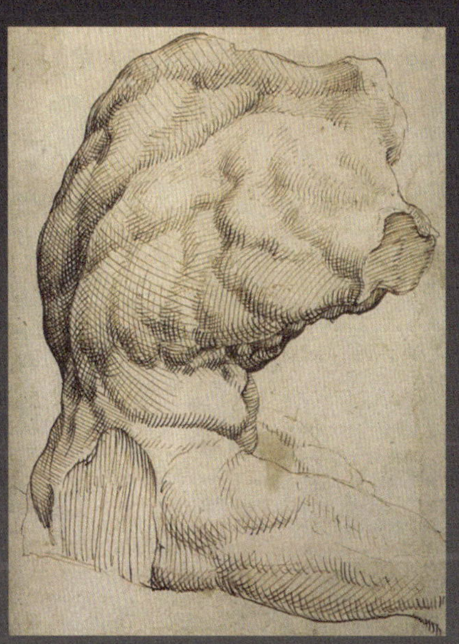

《躯干》钢笔画　马丁·范·海姆斯凯克

小提示

文艺复兴艺术三杰之一的米开朗琪罗十分仰慕“贝尔维德雷躯干”，他高度称赞这件雕塑为“一件比自然还懂得人体之美的作品”。当时，教皇尤利乌斯二世想让米开朗琪罗为雕塑重塑四肢和头部，但米开朗琪罗断然拒绝了，他认为这件残躯已经十分完美，不能有任何多余的修改。

《米开朗琪罗向学生展示贝尔维德雷躯干》　让·莱昂·杰罗姆

尼罗河神雕像

希腊艺术与埃及艺术的碰撞

尼罗河是世界上最长的河流，它流经埃及境内，为埃及人提供了宝贵的水资源和肥沃的农田，被埃及人誉为“母亲河”“生命之河”。

在这座群像中，尼罗河神被塑造成一个身强力壮的男人，他满面胡须、赤身裸体，以一种十分放松的姿势斜靠在狮身人面像上，右手拿着麦穗，左手搂着丰饶角，头上还戴着用小麦、芦苇和荷花编织而成的花环。

据说，尼罗河历年平均涨至16腕尺（7.3米）的水位线，这样可以使沿岸的农田变得肥沃，给埃及人带来丰收。因此，这座群像出现了16个小男孩，他们有的在河神身上爬来爬去，有的在河神旁边嬉戏打闹，还有一个坐在丰饶角上，正气鼓鼓地看向尼罗河河神——他代表了尼罗河的最高水位线。

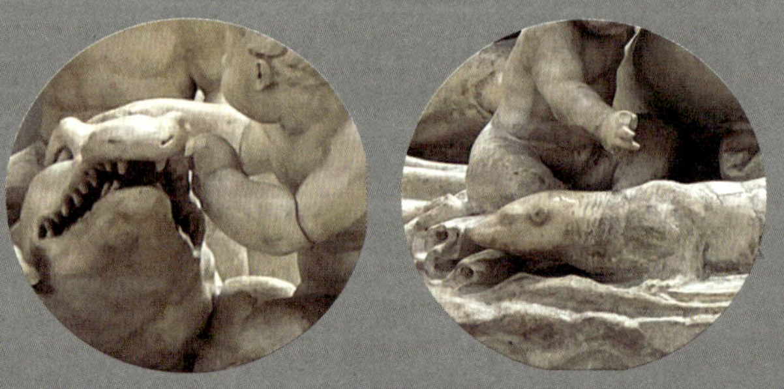

雕塑中，有些小男孩正在和尼罗鳄、埃及獴玩耍，这两种动物都是埃及常见的动物。

创作年代： 公元1世纪

类型： 古罗马大理石雕塑

尺寸： 高165厘米

来源地： 意大利

这座雕像是梵蒂冈博物馆中规模最大的一个，其遵循了古代河流拟人的惯例，表现了尼罗河河神与孩童、小动物嬉戏的场景。1513年，人们在靠近万神殿的一处神庙遗址附近发现了它。但直到10年后，它才被运到梵蒂冈保存。

丰饶角，这是一种源自古希腊和古罗马的装饰物。在很久以前，人们会在羊角中装满水果和鲜花，以此来庆祝丰收和繁荣。这种造型别致的装饰物经常出现在欧洲的各种雕塑中，尤其是与收获、繁荣、精神丰富有关的神话人物，比如大地之母盖亚、幸运女神福图纳等。丰饶角出现在这座群像中，也象征着尼罗河为两岸百姓带来丰收。

公元2世纪，罗马-埃及木乃伊的裹尸布上出现了罗马人的形象

小提示

埃及的“希腊化时期”：公元前305年，埃及总督托勒密一世自立为王，开启了托勒密王朝对埃及长达275年的统治。他及其子孙的统治，使得古希腊的文学、艺术、哲学在埃及得到了更广泛、更深入地传播。因此，希腊人与西亚、埃及各地区民族在信仰上、艺术上、文学上都产生了融合。这也是我们能看到古希腊或者古罗马艺术家创作以埃及神话为题材作品的原因。

望楼上的阿波罗

古希腊时期最美阿波罗之一

创作者： 列奥卡列斯

创作年代： 公元 2 世纪（罗马时期根据希腊原作复制）

类型： 古罗马大理石雕塑

尺寸： 高 224 厘米

来源地： 意大利

雕塑描绘了阿波罗击杀巨蟒皮同的瞬间，这不仅是对其英雄行为的赞颂，也象征着光明与智慧的胜利。阿波罗的形象理想化而充满力量，他的身体线条流畅，肌肉紧绷，展现出即刻发射箭矢的张力。特别是他的手臂和胸部的雕刻，细腻地表现了紧张状态下人体的自然美。

他身上的战袍随风飘动，更加强了动态美和英雄气概。

巨蟒皮同虽然在现存的雕塑中不再完整，但从历史描述中我们可以想象，这条蛇在雕塑中必定是展现出恐怖而强大的形象，与阿波罗形成鲜明的对比。通过这种对比，雕塑不仅展现了阿波罗的英雄气概，也表达了光明与黑暗、善与恶、力量与弱小之间永恒的对抗。

《望楼上的阿波罗》这件雕塑作品，以其悠久的历史和非凡的艺术价值，在梵蒂冈博物馆中占据着举足轻重的地位。原作由希腊雕塑家列奥卡列斯于公元前350—前325年间创作，后于罗马时期以大理石复制，这件复制品承载着古典艺术的精髓，展示了阿波罗这位太阳与音乐之神的英姿。

阿波罗的头部微微侧扬，眼神坚定，目光炯炯有神，直视远方，仿佛正注视着他的猎物。

阿波罗的头发被塑造得异常生动和细致，呈现出微卷状，优雅地披落至颈部，上部则被巧妙地盘绕成类似王冠的形状。这种发型不仅赋予了阿波罗一种神圣的气质，也反映出了当时对理想化美的追求。

这尊雕塑被放置在梵蒂冈的望景楼庭院中，因此被称为“望楼上的阿波罗”。这个名字不仅指向了它的物理位置，也象征着它在艺术史上的高度和地位。

小提示

当《望楼上的阿波罗》雕像在1489年被发现时，它已经缺失了部分肢体——右手和左臂下部。面对这样一件损坏的艺术珍品，雕塑家蒙托尔索里，米开朗琪罗的学生，接受了复原的重任。他首先深入研究了阿波罗雕像的风格和历史背景，然后选用与原作相同类型的大理石精心雕刻出缺失的部分。这项工作不仅要求极高的技艺，还要求艺术家对古典雕塑风格有深刻的理解，以确保新雕刻的部分与原有雕像在风格上无缝对接。通过这样的细致努力，阿波罗雕像的完整性得到了恢复，再次展现了其历史价值和艺术魅力。

博尔戈的火灾

捕捉火灾中的一瞬间

创作者：
拉斐尔及其工作室
创作年代：
1514 年—1517 年
类型： 湿壁画
尺寸： 高 500 厘米；宽 670 厘米
来源地： 梵蒂冈

在前景中，男女老少都在忙于逃生和救火，众人的脸上皆是惊慌之色。一位青年背着年老的父亲逃离火场。相传，罗马的建立者埃涅阿斯曾背着自己的盲人父亲安喀塞斯，带着儿子阿斯卡尼乌斯，从大火中的特洛伊城逃生。有学者认为，画中这个形象的原型就是埃涅阿斯。

在画面的左侧，熊熊的烈火在燃烧，一个赤身裸体、浑身肌肉紧绷的男人翻越围墙，整个人悬在半空中，看起来神魂不定。在他的身旁，一个女人忍受着烈焰灼烧的痛苦，正将手中的婴儿递给一个戴着红色头巾的男人。

据记载，847年，位于罗马博尔戈区的圣伯多禄大教堂前发生了一场可怕的火灾。拉斐尔以此为题材创作了著名壁画《博尔戈的火灾》，收藏这幅作品的房间也因此被命名为博尔戈火灾厅。博尔戈火灾厅是拉斐尔最后装饰的房间，并且所有的工作几乎都是由他一个人完成的。

小提示

在拉斐尔决定接受这项工作之前，博尔戈火灾厅的装饰工作就已经完成过半，并且他的老师佩鲁吉诺也有份参与。然而，为了留下他的作品，教宗尤里乌斯二世几乎没有一丝犹豫，就下令让人毁掉房间里的所有壁画。最后，拉斐尔费了不少口舌，才极力保留下自己老师留在房间天顶上的作品。

佩鲁吉诺画的火灾厅天顶画

在画面的右侧，有的人匆匆忙忙地运送着水罐灭火，有的人跪在地上，情绪激动地向远处的教宗求救。

在画面的最深处，教宗利奥四世站在圣伯多禄大教堂的阳台上，表情庄严肃穆。在历史上，圣伯多禄大教堂曾于16世纪初重建。《博尔戈的火灾》记录了这座教堂始建时的部分外观。

文物小知识

拉斐尔在梵蒂冈博物馆还留下了哪些画?

拉斐尔，这位文艺复兴时期的艺术巨匠，在梵蒂冈博物馆留下了无数令人叹为观止的作品，它们不仅展现了他非凡的艺术才华，还记录了一个时代的文化和审美。除了《博尔戈的火灾》，拉斐尔的笔触遍布梵蒂冈许多角落，让我们一同探索，看看这位艺术大师在梵蒂冈还留下了哪些令世人赞叹的画作。

闻名数百年的壁画精品

《将赫略多洛逐出圣殿》：这幅画位于赫略多洛厅，这个房间曾是教宗尤里乌斯二世的私人会客厅，用作接待来访的众多权贵。《将赫略多洛逐出圣殿》创作于1511年到1512年，讲述了一个名叫赫略多洛的骑士带领卫兵，奉命去没收圣殿宝库中的财宝，结果被驱逐出去的故事。在画面的右下角，倒地不起、满脸惊恐的那个骑士就是赫略多洛，在他的身边散落着闪闪发光的金币。在画面的左下角，教宗尤里乌斯二世坐在椅子上，被人群簇拥着，正在认真地观看战斗。

《将赫略多洛逐出圣殿》 拉斐尔

《博尔塞纳的弥撒》 拉斐尔

《博尔塞纳的弥撒》：这幅壁画也位于赫略多洛厅，尽管大门破坏了作画空间的完整性，但是拉斐尔还是描绘出了一个充满感染力的宏大场景。除了教宗参考尤里乌斯二世的长相，画中的其他人都是有历史原型的，比如画面的右侧有四个站在楼梯上的人，他们是拉斐尔作画时在任的教廷人员。

洋溢着母性光辉的圣母像

拉斐尔是一个性情平和、和蔼可亲的人，他的作品总是充满恬静而和谐的秩序感，带着安宁、对称、优雅的美。梵蒂冈博物馆收藏了他画的大量圣母像。在这些圣母像中，圣母不再像以前宗教故事画中那样冰冷、不近人情，而是成了一个美丽的、洋溢幸福和青春活力的母亲。《圣母加冕》是现存于梵蒂冈博物馆中的拉斐尔最早创作的大型系列作品。

《圣母加冕》 拉斐尔

《摩西前往埃及》(局部) 佩鲁吉诺 西斯廷小教堂南墙

拉斐尔老师的圣母像

彼得罗·佩鲁吉诺活跃于15世纪，是意大利文艺复兴时期翁布里亚画派的重要成员，并以培养出“画坛三杰”之一的拉斐尔而声望卓著。在拉斐尔的圣母像中，我们能看到佩鲁吉诺对他无处不在的深刻影响，比如充满戏剧性的光影变化、精确细致的透视关系、极具冲击力的色彩搭配，以及柔美恬静的氛围等。西斯廷小教堂中同样也收藏了佩鲁吉诺的许多作品，比如《基督受洗》《摩西前往埃及》等。

文物小知识

拉斐尔的得力助手是谁?

在过去的欧洲，湿壁画的创作技法一般依靠“师傅教徒弟”的方式传承，包括拉斐尔在内，很多画家都是一边承接工作一边教授学徒。大多数学徒从很小的时候就要跟着自己的师傅去施工现场，帮助他们完成一些力所能及的活儿。目前，很多史学家认为《博尔戈的火灾》并非拉斐尔独自一人完成的，他的学徒朱利奥·罗马诺也参与其中。不过，这还只是一种推测，尚未找到证据。

朱利奥·罗马诺肖像

《奥斯蒂亚之战》 拉斐尔及其工作室

朱利奥·罗马诺

有明确记载的是，在拉斐尔的另一幅名作《奥斯蒂亚之战》中，朱利奥真的出了很大的力气。朱利奥是拉斐尔工作室的重要成员之一，在拉斐尔受邀装饰圣伯多禄大教堂和梵蒂冈宫时，他几乎全程陪伴在拉斐尔的身边。在绘制《奥斯蒂亚之战》的过程中，他主要负责背景中的建筑和船只，但这些足以展示出他高超的绘画技巧。据说，他是莎士比亚唯一提到的文艺复兴时期的艺术家。

《十字架的显圣》 拉斐尔及其工作室

1520年，拉斐尔去世后，米开朗琪罗本想接下拉斐尔未完成的任务，但在朱利奥和其他学徒的争取下，他们得以按照拉斐尔遗留下来的设计稿继续工作。因此，梵蒂冈博物馆收藏的一些画作的作者虽然是拉斐尔，但实际上这些画作是由他设计，再经过朱利奥和其他学徒之手完成的。

焦万·弗朗切斯科·彭尼

焦万·弗朗切斯科·彭尼也是拉斐尔最杰出的学徒之一，他在人生最后的几年，按照拉斐尔遗留下来的设计图纸，完成了君士坦丁厅的两幅湿壁画：《君士坦丁的献礼》和《君士坦丁的洗礼》。尤其是前者，因为其细致地描绘了老圣伯多禄大教堂中殿的内部结构，而被视为重要的艺术史文献，闻名全世界。

《君士坦丁的献礼》

《君士坦丁的洗礼》

帕纳索斯山

一场神与人的艺术沙龙

整个画面以坐在月桂树下演奏中古提琴的阿波罗为中心。在希腊神话中，阿波罗位列奥林匹斯十二主神之一，他是天神宙斯的儿子、月神戴安娜的孪生哥哥，不仅主管光明，也司掌文艺、青春、畜牧、音乐、医药等。

环绕在阿波罗身边的是分别代表不同文艺和科学领域的女神，而他们的左右两侧站满了头戴月桂花环的诗人。

创作者：拉斐尔·桑西

创作年代：1508 年 — 1511 年

类型：湿壁画

尺寸：高 500 厘米；宽 670 厘米

来源地：梵蒂冈

小提示

缪斯与阿波罗之间有着密切的关系，他们经常一起出现在艺术作品中。相传，阿波罗是缪斯的保护者和领导者，他会弹奏七弦琴，用美妙的音乐声来激发缪斯的创作灵感。因此，在文艺复兴时期，很多画家会通过描绘阿波罗与缪斯的聚会场景，来表现自己对知识的尊敬，对艺术的热爱，以及对人类的创造力的赞颂。

在希腊神话中，帕纳索斯山是太阳神阿波罗以及九位缪斯的居所。拉斐尔以此为题材，创作了这幅描绘阿波罗、缪斯与各个时代的艺术家相聚一堂的湿壁画。画家通过精细的线条和轻柔的色调，展现了他幻想中帕那索斯山之巅曾发生的事情，整个画面呈现出一种温暖而宁静的氛围，洋溢着对人类的智慧和创造力的赞美之情。

缪斯是希腊神话中九位文艺和科学女神的通称，她们都是天神宙斯和记忆女神的女儿。在这幅壁画中，缪斯装扮成美丽而优雅的少女，有些还拿着象征自己身份和职责的物品。

欧忒耳珀：她掌管诗歌与音乐，手中拿着金色的长笛。

塔利亚：她掌管喜剧，手中拿着一张面具。

墨尔波墨涅：她掌管悲剧，与塔利亚一样，手里拿着面具。

忒耳西科瑞：她掌管舞蹈，怀中抱着一架七弦琴。

卡利俄珀：她掌管史诗，手中拿着黑色的石板。

埃拉托：她掌管抒情诗，是九位缪斯中唯一背过身子的女神。

克利俄：她掌管历史，一般手持羊皮卷。

波吕许谟尼亚：她掌管颂歌与修辞，看似神情忧郁，正依偎在克利俄的身后。

乌拉尼亚：她掌管天文和占星，一般拿着地球仪和指挥棒。

《阿波罗和缪斯》
尼古拉斯·普桑

演奏鲁特琴的天使

浪漫、尊贵且纯洁的少女

创作者：
梅洛佐·德利·安布罗西
创作年代： 公元15世纪
类型： 湿壁画
尺寸： 高117厘米；
宽93.5厘米
来源地： 意大利罗马

梅洛佐是一位强调写实主义传统的佛罗伦萨画派画家，他在绘画时特别注重色彩运用和透视法。在这枚残片中，他将天使描绘成一个可爱温柔的少女，只见她真诚地弹奏着鲁特琴，身体前倾，眼神专注，神秘而淡然，却不知望向何处。

梅洛佐笔下的天使既尊贵又流露出一种脱离人世的飘逸感，其中明显运用了仰角透视法。这种透视法简单来说，就是营造从下往上仰观对象的效果，它可以增加人物的体积感，以及画面的空间感。

整个画面设计得优雅且宏大，画家运用蓝、黄、红、橙等鲜艳明快的色彩，赋予了天使这个形象令人遐想的诗意。并且，高度饱和的蓝色背景与人物之间形成了鲜明的冷暖对比，既令天使周身隐约散发出明亮的光辉，也给予观众强烈的视觉冲击。

梅洛佐出生在意大利的佛罗伦萨，他是活跃于文艺复兴早期的画家，以湿壁画见长。在1480年前后，他在罗马接受了一项重要委托，那就是以“基督升天”为主题，为十二门徒大教堂的后殿拱顶绘制壁画。据说，他在该组壁画中描绘了基督及其十二门徒，还有众多的奏乐天使。可惜的是，这组壁画在1711年被毁坏了，现在只剩下些许残片，《演奏鲁特琴的天使》就是其中之一。

尽管壁画已经被毁坏得七零八落，但幸存下的这些残片仍色彩饱满、明亮动人，成为梵蒂冈博物馆中最广为人知的湿壁画作品之一。除了《演奏鲁特琴的天使》，我们现在还能欣赏到演奏铃鼓、小鼓、爱摩古提琴等乐器的天使，不过她们几乎长得一模一样。人物模式化，是文艺复兴早期绘画作品的特点之一。

《小天使》

《演奏小鼓的天使》

《演奏爱摩古提琴的天使》

《演奏铃鼓的天使》

小提示

佛罗伦萨画派是文艺复兴时期形成于意大利佛罗伦萨的一个画派。达·芬奇、米开朗琪罗、拉斐尔、梅洛佐、波提切利等都属于这一画派，他们倡导用科学方法探索人体的造型规律，主张将古希腊、古罗马的雕刻技法应用于绘画。即使以宗教故事或人物为题材，他们的画作也体现出强烈的人文主义精神。

《西克斯图斯四世任命巴尔托洛梅奥·普拉蒂纳为梵蒂冈图书馆馆长》 梅洛佐

最后的审判

米开朗琪罗笔下的恢宏画卷

创作者：米开朗琪罗·博那罗蒂

创作年代：1536 年—1541 年

类型：湿壁画

尺寸：高 1370 厘米；宽 1220 厘米

来源地：梵蒂冈

小提示

1541年，当《最后的审判》第一次出现在大众面前时，画中的裸体人物引发了亵渎神灵的争议，尤其是正统的神学家们对它进行了严肃的谴责。米开朗琪罗去世后，教宗保罗四世下令为画上的所有人物添上衣服和无花果树叶，一个名叫达尼埃莱的画家承担了这项工作，他也因此得了一个诨名——“穿裤子的画家”。后来，人们在修复这幅画时，对达尼埃莱补画的多余内容进行了清理，但其中仍有一部分不得不保留了下来。

1535年，米开朗琪罗先后受罗马教宗克雷芒七世和保罗三世的委托，为西斯廷小教堂祭坛台后方的正面墙壁绘制壁画。最终，他花费了整整5年的时间，以传说中的“世界末日”为主题，创作了这幅堪称史诗级巨作的《最后的审判》。这幅画精心描绘了400个左右姿态各异的人物，在石青色的背景中，他们围绕着位于画面中心的基督，都以近乎裸体的形象出现。

圣母玛利亚是画中唯一穿戴齐整的人物，她小心翼翼地依偎在基督的身旁。包括她在内，没有一人脸上有欢喜的表情，整个画面都笼罩在惊骇的、不安的、恐惧的气氛中。

年轻的基督位于云端，被众多人物所簇拥，只见他神态威严，高举右臂，目光直视地狱，向众人宣告世界末日的来临。

手持十字架刑具的人叫圣安德鲁，拿着剥皮刀和人皮的人叫圣巴塞洛缪，在传说中他们都因自己的信仰而遭受了残酷的刑罚。

米开朗琪罗素描肖像

有学者认为这张人皮是米开朗琪罗的“自画像”，因为他经常把自己画成软弱无力的模样。而在绘制这幅伟大的作品时，米开朗琪罗恰巧正处于人生的低谷期，内心充满了怀疑、愤怒与悲哀。

在希腊神话中，阿克隆河是环绕冥界的五条河流之一，卡戎是渡河的船夫，他经常被描述成一个胡须茂密、面容丑陋的老人，会向亡灵索要金币。

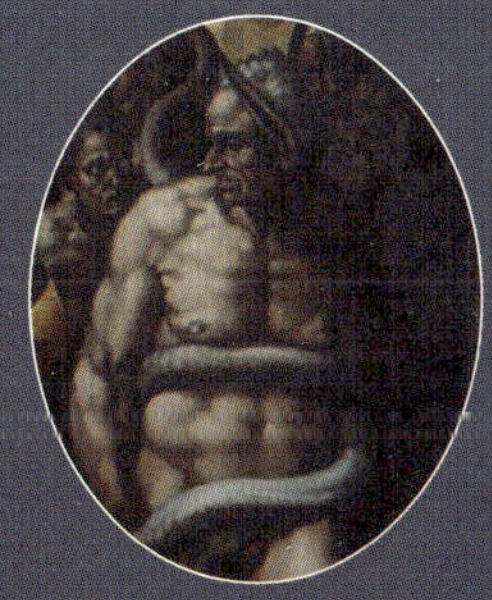

在希腊神话中，米诺斯生前是克里特国王，死后成为冥界的三个法官之一，他生有一条长长的怪尾巴。在冥界，他会对亡灵生前的所作所为进行审判，作恶者将被打入地狱受苦受难。

文物小知识

是全才，也是怪才：米开朗琪罗不为人知的另一面

1475年，米开朗琪罗出生在一个非常显赫的贵族家庭，尽管他的父亲十分反对他成为一名艺术家，但他依然在绘画与雕塑上取得了非凡的成就，成为西方美术史上最具创造力与影响力的艺术家之一。

少年成名，一生受人追捧

与很多艺术家不同，“怀才不遇”对于米开朗琪罗来说是个非常陌生的词汇，因为他还未满20岁的时候，就以精湛的技艺，创作出了令他扬名立万的两座雕塑：《巴克斯》和《圣母怜子像》。

《圣母怜子像》

《巴克斯》

在37岁的时候，他成了当时公认的最伟大的艺术家，这一地位在他去世后半个世纪都无人撼动。而他之所以会被世人推崇到如此高度，与其为西斯廷小教堂创作的壁画《创世纪》和《最后的审判》关系很大。

1564年，这位“叛逆”的艺术家在罗马去世，享年89岁，他的遗体被安葬在佛罗伦萨的圣十字大教堂中。作为米开朗琪罗最重要的学徒和助手之一，达尼埃莱在其死后接替了他未完成的工作，继续为梵蒂冈宫绘制壁画—没错，他就是那个“穿裤子的画家”。

西斯廷小教堂天顶画

喜欢解剖尸体，并将手稿付之一炬

米开朗琪罗作为文艺复兴时期的巨匠，却生性古怪、孤僻、不合群，这不仅表现在他与拉斐尔岌岌可危的关系上，也体现在他令人疑惑的种种行为上，比如他生前将自己的大部分手稿都烧毁了。目前，幸存下来的手稿多数保存在荷兰的泰勒斯博物馆，堪称这里的“镇馆之宝”。通过这些珍贵的手稿，我们可以了解米开朗琪罗的创作历程。

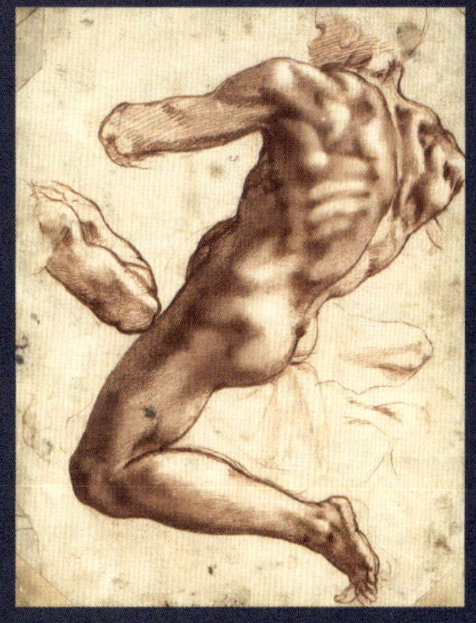

《扭转身体的裸体男子》

《左臂和左肩》

《跨步的裸体男子》

《上十字架的男子》

米开朗琪罗对很多具尸体进行了解剖，但他显然并不像达·芬奇那样对人体器官有兴趣，而是格外关注肌肉和骨骼的构造。在他留存下的手稿中，有相当一部分记录了人体在运动过程中肌肉与线条的变化。丰富的解剖经验，以及对解剖学的深入学习，对日后他创作健美强壮的人物起到了至关重要的作用。

晚年改行当建筑师

在米开朗琪罗人生的最后二十年，他将自己的大部分精力都投入了建筑。自意大利建筑家多纳托·布拉曼特去世后，圣伯多禄大教堂的建筑工程陷入了停滞，直到四十多年后米开朗琪罗接受了这项任务，并全力以赴地着手实施。圣伯多禄大教堂的精美外观归功于他高级的审美情趣，尤其是这座标志性的穹隆，为后世的建筑家提供了设计灵感。

米开朗琪罗画的大教堂拱顶建筑草图

圣伯多禄受难记

巴洛克绘画大师的杰作

创作者：圭多·雷尼

创作年代：

1604 年—1605 年

类型：布面油画

尺寸：高 305 厘米；宽 171 厘米

来源地：

意大利罗马

这幅画以巨大的十字架为中轴对称分布，画家让大量的光线如聚光灯般自画面顶端落下，通过强烈的明暗对比，使画面中的多个形象融为一体，从而凸显出他们的体积感、动感。比较有趣的是，圣伯多禄作为这幅画的主人公，他的脸在光线中并没有完全展现出来，甚至连他的表情都是模糊不清的。

圭多·雷尼受到了拉斐尔的很大影响，他的画作充满热烈而明快的色彩，洋溢着优雅而严谨的古典之美。这幅巨大的布面油画描绘了基督的门徒圣伯多禄殉道时的场景。相传，因为他觉得自己不配和基督以同样的方式死去，而要求行刑人将自己倒挂着钉死在十字架上。画家采用典型的三角构图，以高超的绘画技法，将文艺复兴的元素和巴洛克风格的表现力融为一体，展现出自己独特的审美情趣。

这幅画刻画了圣伯多禄被钉在十字架上的过程。画面中，圣伯多禄浑身沐浴在柔和而圣洁的光辉中，他的身上只裹着一条白色的缠腰带，正挥舞着双手，挣扎着起身，似乎想要指挥行刑者该如何做。在即将来临的死亡面前，他没有流露出一丝恐惧和紧张。

小提示

“巴洛克”是一种曾流行于欧洲的艺术风格。“巴洛克”一词来源有二：一种是葡萄牙文和西班牙文中的“不圆的珠”；另一种是中世纪拉丁文中的“荒谬的思想”。在18世纪的下半叶，新古典主义理论家用这个词去讽刺17世纪意大利的艺术背离古典传统。此后，“巴洛克”逐渐成为一种独立的艺术风格。巴洛克的一大特点就是，一改文艺复兴兴盛期的严肃、含蓄、平衡，倾向于豪华、浮夸、独特。

《巴克斯与阿里阿德涅》 圭多·雷尼

画面中，行刑者有三个，最上面的男人头戴鲜红色的帽子，正站在十字架后面的梯子上，一手拿着尖锐的长钉，一手伸向自己腰间，想要掏出口袋里的锤子。黑漆漆的阴影模糊了他的表情，令人看不清他的真实面目。

位于画面下方的男人们则相互配合，一个目露凶光、表情狰狞，将圣伯多禄脚上的绳子捆得更紧；另一个则边用胳膊抱住圣伯多禄的上半身，边抬起膝盖，用力地顶住他的后背。

基督下葬

自然主义的巅峰之作

创作者： 卡拉瓦乔
创作年代： 1602 年—1604 年
类型： 布面油画
尺寸： 高 300 厘米；宽 203 厘米
来源地： 意大利罗马

17世纪初，一位贵族委托卡拉瓦乔绘制一幅油画，想要将其摆放在罗马的小谷圣母堂内。之后，卡拉瓦乔便以基督被众人扶下十字架为题材，创作了这幅祭坛画《基督下葬》。尽管卡拉瓦乔只活了短短三十九载，但他被誉为17世纪最有威望、最有创造力和影响力的意大利画家。

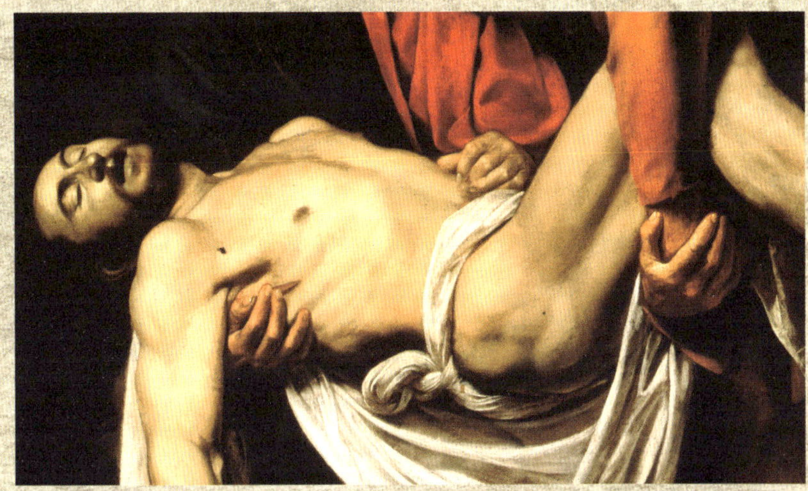

卡拉瓦乔是“自然主义”的创造者，他打破了当时盛行却毫无生气的风格主义。在此之前，很多画家追求的是变形、夸张的艺术效果，而卡拉瓦乔的审美观启发了大批的拥趸。《基督下葬》被誉为自然主义的巅峰之作。在这幅画中，死去的基督与常人无异，围绕着他的众人也身着常服。画家将宗教人物塑造成有血有肉的人物，而非理想化、模式化的角色，这是典型的自然主义绘画手法。

在强烈的光芒中，围绕着基督的众人在黑暗的背景中熠熠生辉，他们的姿势和表情也被放大，有人痛苦地伸开双臂，有人默默地哀悼。画家使用了独特的扇形构图，通过戏剧化的明暗对比，赋予了人物鲜明的生命，凸显了整个故事的悲剧色彩。

卡拉瓦乔排斥古典意义上的所谓美与丑，在这幅画中强调高度个人化的情绪和面相。与传统宗教画不同，他塑造的基督面容灰暗衰败，四肢自然下垂，手指上沾有污泥，与现实生活中死去的真实的人差异不大。黑暗中，围绕在基督身边的人们姿势各异、表情各异，情感饱满而真切，很容易引发观赏者的共鸣。

小提示

在整个17世纪，卡拉瓦乔获得了大量的关注，他因生动地塑造了太多过于世俗、充满欲望的青年形象，而被人们评价为“邪恶的天才”。当然，自然主义在艺术史上也一直毁誉参半，很多人抗拒它重视真实、轻视优雅的一面，直到现在仍有艺术家和学者批评这种风格廉价、轻浮、不够尊贵。

《捧果篮的男孩》 卡拉瓦乔

《在伊默斯的晚餐》 卡拉瓦乔

天文观测：火星

科学与艺术的完美结合

创作者： 多纳托·克雷蒂
创作年代： 1711 年
类型： 布面油画
尺寸： 高 51.2 厘米；宽 35 厘米
来源地： 梵蒂冈

这幅画描绘了人们观测火星时的场景。在画面的前景中，有三个人正讨论着挂在夜空中的天体。

在中世纪的欧洲，天文观测主要是权贵们的娱乐活动，而画中人物身着华贵的服饰，也暗喻了他们出身贵族阶层。据说，费迪南多伯爵后来将这套油画作为珍贵的礼物，献给了教宗克雷芒十一世，并请求他赞助自己建造观星台。1712年，费迪南多伯爵最终得偿所愿。

1711年，多纳托·克雷蒂接受委托，为爱好观测星象的伯爵路易吉·费迪南多·马尔西利创作了《天文观测》。《天文观测》一套8幅，分别描绘了人们观测当时已发现的7颗天体以及彗星的场景。至于为什么没有天王星，那是因为这颗天体直到1781年才被威廉·赫歇尔发现。这套油画是梵蒂冈博物馆收藏的最为特别的画作之一，因为它证明了启蒙时代中艺术与科学有着紧密的联系。

虽然这幅油画描绘的是夜景，但整个画面看起来十分亮堂甚至明艳。洛可可画派的画家喜欢使用带有刺激性的色彩，这一点在多纳托·克雷蒂身上也得到了体现。在这幅画中，他赋予了人物鲜艳的红色、黄色和绿色，再以相对暗淡的背景作衬托，营造出了明显的光暗对比。

多纳托·克雷蒂是欧洲17世纪到18世纪洛可可画派的代表画家之一。洛可可画派的画家打破了文艺复兴以来传统的对称性构图，比如《天文观测》采用的就是典型的C形结构，这使得画面呈现出一种自由的、非对称的美感。

小提示

多纳托·克雷蒂创作这套油画时，欧洲已经进入启蒙时代。在17世纪到18世纪，欧洲发生了一场影响深远的启蒙运动，当时出现了很多科学家和哲学家反对教会权威和封建制度，倡导科学和理性。在这个大背景下，包括《天文观测》在内，多纳托·克雷蒂的多数作品都呈现出由洛可可主义向新古典主义过渡的趋势。

《亚历山大大帝受到父亲的威胁》
多纳托·克雷蒂

《发饰繁复的少女》
多纳托·克雷蒂

《赫尔墨斯和巴瑞斯》
多纳托·克雷蒂

文物小知识

天文观测与绘画艺术

在整个17世纪中，虽然很多人热衷于观测星辰，尤其是贵族阶层花费了大量的金钱修建观星台、制造性能更好的望远镜，但那时候的欧洲并没有诞生真正意义上的天文学，有相当一部分人只是将天文观测视作一种高贵的休闲活动，用来彰显自己高人一等的身份。当时，教会垄断了教育，并拥有绝对权威，绝大多数人相信是一种超自然的力量创造了世间万物，包括天体和人类。

神秘而浪漫的星辰

不过，罗马教廷是无法挡住科学的脚步的。在科学家伽利略的推广下，望远镜很快在欧洲流传开来，越来越多的天文爱好者把望远镜对准了夜空，通过镜头去观察那些“最熟悉的陌生人”。欧洲历史上并没有留下关于是谁首次发现了金、木、水、火、土这5颗行星的记载，因此天王星成为有史可查的第一颗人类用望远镜发现的行星。

《天文观测：太阳》 多纳托 · 克雷蒂

《天文观测：彗星》 多纳托 · 克雷蒂

《天文观测：月球》 多纳托 · 克雷蒂

当天文与艺术合二为一

在很早以前，人类就对天空和天体产生了兴趣，并制作各种各样的工具，去追踪恒星和行星。而为了满足贵族审美和对彰显自身地位的需求，这些工具被赋予了强烈的装饰性，并逐渐成为当时上流社会的“新宠”，融入人们的日常生活。

在中世纪的欧洲，虽然人们长期被宗教思想所束缚，但天文学家在当时备受敬仰，以至于他们自己有时候也成了画作的主角。在17世纪中叶，荷兰画家约翰内斯 · 维米尔以自己的好友、科学家列文虎克为原型，精心创作了布面油画《天文学家》，画中的男子身穿绿色长袍，这是中世纪欧洲学者经常穿的工作服。

《天文学家》 约翰内斯 · 维米尔 卢浮宫博物馆藏

《天文观测：金星》 多纳托 · 克雷蒂

《天文观测：水星》 多纳托 · 克雷蒂

《天文观测：土星》 多纳托 · 克雷蒂

《天文观测：木星》 多纳托 · 克雷蒂

木星上的红色条纹是什么？

在《天文观测》中，值得注意的是，画家在描绘木星时特意为它加上了一些红色的条纹，这些条纹实则描绘了“大红斑”。“大红斑”是木星最显著的特征之一，它位于木星南半球的中纬地带，本质上是一个巨型的反气旋风暴。早在1665年，人们就发现了它的存在。

望远镜的问世不仅拯救了走进“死胡同”的古代天文学，也为星图的绘制带来了新的生机。随着人们能观察到的天体越来越多，星图也变得多姿多彩。并且，当时的地图学家在绘制星图的时候，十分重视自己作品的艺术性，在其中加入了许多创作元素，因此这些精美的、富有想象力的佳作足以被称为艺术品。

《和谐大宇宙地图》出版于1660年

大型黄金搭扣

奢华至极的艺术瑰宝

搭扣的上半部分为一块近似椭圆形的金板，中间以压花工艺制作了五只昂首挺胸的雄狮，四周则装饰有两圈浪漫的玫瑰花冠花纹。

在很多国家和地区，黄金不仅被用于制作各种装饰品和艺术品，还象征着主人的财富、权力和地位。伊特鲁里亚王国也不例外。据推测，雷格利尼—加拉西墓的主人应该是某位出身上流社会的贵族——甚至，他还可能是当时的皇室成员。这枚搭扣原本佩戴在他的肩部，用于固定他下葬时所穿的托加长袍。

制作年代： 公元前7世纪

类型： 黄金饰品

尺寸： 长32厘米

来源地： 中欧

1836年，温琴佐·加拉西将军和切尔韦泰里教区的首席神父亚历山德罗·雷尼，在位于意大利中部西海岸附近的雷格利尼—加拉西墓中，发掘出许多来自伊特鲁里亚王国的珍贵文物。当他们走进主墓室时，发现虽然这座陵墓的主人已经化作白骨，但他的身上挂满了价值连城的黄金饰品，其中就包括这枚搭扣。

额我略-伊特鲁里亚博物馆是教宗额我略十六世创立的博物馆，里面主要收藏来自伊特鲁里亚文明的艺术品。这条纯金打造的豪华搭扣于1836年出土自雷格利尼-加拉西墓，重量达137克，采用压花、造粒、焊接等工艺。虽然该馆收藏了大量的黄金饰品，但它是其中用料最为奢侈、工艺最为精美的一个。

以两条长长的金色带子为界，下半部分是一条橄榄球形的垂饰，表面焊接有许多极富立体感的圆雕小鸭，它们面朝相同的方向排成七列，可以从多个角度观赏，看起来生动而富有童趣。

小提示

伊特鲁里亚王国的“黄金时代”：公元前7世纪，伊特鲁里亚王国迎来了东方化时期，而这里的“东方”指的是亚细亚和叙利亚。在这一时期，受频繁的贸易活动影响，伊特鲁里亚文明变得更加多元和繁荣，以此为土壤萌发的艺术较之以往也大不相同，其中最明显的就是对贵金属的使用，比如黄金和青铜。

伊特鲁里亚王国的青铜镜和黄金首饰　纽约大都会艺术博物馆藏

最后的晚餐

用羊毛、金线和蚕丝编出来的艺术品

创作者：图尔奈工坊
创作年代：公元 15 世纪末期
类型：挂毯
尺寸：高 640 厘米；宽 850 厘米
来源：比利时

图尔奈是位于比利时中部偏西的一座小镇，这里在中世纪曾是佛兰德斯地区的纺织中心，兴盛过织毯、纺织、皮革等行业。梵蒂冈博物馆收藏的历史最为悠久的挂毯之一，就产自图尔奈，由尼德兰画家亲自设计。

虽然在今天，很多人经常把挂毯当成一种普通的装饰物，但在中世纪的欧洲，挂毯并不是“单纯的纺织品”，而是一种足以象征身份与地位的、昂贵的艺术品。这张名为《最后的晚餐》的挂毯，体现了图尔奈工坊卓越的艺术才华，以及精湛的织造技艺。值得一提的是，梵蒂冈博物馆的挂毯是没有任何玻璃罩的，人们可以近距离欣赏它们的设计与工艺之美。

基督和十二个门徒一起，围坐在一张巨大的矩形桌子旁，桌上铺着做工精美的白色桌布。桌上的菜肴有羔羊、鱼肉和面包，象征着基督和圣体圣事。

门徒们姿态各异、各具特色，尤其是画面左下角的那个男子，他穿着一件天鹅绒质地的绿色衣服，腰间挂着一只硕大无比的精致钱袋。有学者认为，这个人物是按照挂毯主人的形象设计的。

在画面的前景中，有一个身着棕色长袍且面带微笑的人，他在众人中显得格格不入，因为他的头顶没有用金线编织的金色光环，而这个人就是犹大。在《圣经》中，他因为贪图30枚银币而出卖了基督。在西方，人们常将“犹大”作为背叛者的代称。

小提示

挂毯馆陈列馆主要陈列的是文艺复兴时期和巴洛克时期的挂毯，这些造价昂贵的艺术品通常由当时著名的艺术家设计，然后交由纺织工人制作而成，图案则以描绘圣经故事、宗教场景或圣人形象等为主。该馆的许多藏品之前被用于装饰西斯廷小教堂和历代教宗的寝室。直到1814年，所有挂毯被移入馆中保存。到了1838年，教宗额我略十六世才将挂毯陈列馆定为固定场所。

挂毯陈列馆的展品之一

铜胎掐丝珐琅大瓶

中外文化交流的见证

这对大瓶上绘有19世纪末北京城重要宗教和政治建筑。其中一只大瓶上画有北海白塔、大光明殿和紫禁城，以及建于1703年的天主教北堂（西什库教堂），这是一座充满异域风情的哥特式建筑。

现在的北堂

据说，这对大瓶是由早期来华传教士带回去的，目前摆放在梵蒂冈博物馆中专门展示异域文明的民族传教博物馆。这个展厅收藏了来自亚洲、非洲、南美洲等地的数以万计的文物。不过，与其他展厅不同，它的大多数展品都是不固定的，游客每次去都有机会见到不同的文物。

创作年代： 19 世纪末
类型： 铜胎掐丝珐琅
尺寸： 高 88 厘米
来源地： 中国

这一对掐丝珐琅大瓶曾在2019年被送进故宫博物院进行展览，当时与它们一起“漂洋过海”的还有70余件文物。在历史上，尤其是明清时期，为了更好地传教，大量西方传教士在教会或者贵族的资助下辗转来到中国，他们不仅带来了西方的自然科学知识，也深入学习中国的哲学思想，了解中华传统文化，同时西方贵族也很乐于接受中国的工艺品，这对大瓶应该是清代专门为欧洲制作的。

清末的南堂

另一只大瓶上绘有法国公使馆、香山公园琉璃塔、天坛等，还有北京的另一座著名教堂：宣武门天主堂，它又被叫作“南堂”，是中西合璧的巴洛克式建筑。

小提示

来自遥远异国的传教士：早在清朝以前，就有来自意大利的天主教传教士到中国定居，他就是利玛窦。明朝时期，利玛窦因对中华文化产生了浓厚的兴趣。在葡萄牙殖民势力的支持下，30岁时历经千辛万苦，最终来到中国定居并入朝为官。利玛窦不仅通晓中华传统文化，还为明朝带来了天文学、测量学、地理学、建筑学、西洋音乐、火器制造技艺等诸多“礼物”，被众人称赞为“博学西儒”。也是从明朝开始，到清朝以降，中西方迎来一段极为兴盛的文化交流时期。

《利玛窦与徐光启》 铜版画

这对大瓶使用的工艺叫做“掐丝珐琅”，在中国有个更响亮的名字——“景泰蓝”。制作时，工匠以红铜作胎，先将很细的铜扁丝掐成花纹后焊于器物表面，再以随类附彩的方法，用珐琅釉料填充铜扁丝之间的缝隙，最后经过焙烧、打磨、镀金，就能得到一件光彩夺目的工艺品。

文物小知识

文物里的中西文化交流

不同国家之间的贸易活动，不仅带来了商品的流通，也促进了文化的交流。随着将丝绸、瓷器、茶叶、艺术品等卖到世界各地，中国的文化思想、美术工艺和科学技术也被传播到西方。与此同时，西方文化也对中国产生了深刻的影响。比如，康熙皇帝在位时，来自西方的商人将奢华的画珐琅工艺带到了宫廷；源自西方的宗教传入中国后，我国的传统艺术中出现了《圣经》里的故事和人物……

广彩珐琅“耶稣受难”故事图盘一对

传教士从西方带来了什么？

明代末期以后，大量传教士来到中国传教，然而他们很快发现中西文化之间存在很大的差异。于是，他们开始深入研究中国的政治、经济、艺术、哲学、道德观念等各个方面，以了解中华传统文化的特点和精髓，而其中最重要的一个环节就是——找到接近皇帝并引起他的兴趣的方法。尤其是那些在历史上留下姓名的传教士，他们通常会先向皇帝进献一些来自异域的奇珍异宝作为“敲门砖”，再凭借自身的一技之长，或精通天文地理、科学技术，或擅长美术工艺，取得皇帝的信任，从而获得向大众传教的机会。

银镀金浑天仪　故宫博物院

此浑天仪由清钦天监官员、欧洲来华传教士南怀仁等制造

传教士又将什么带回了西方？

当然，在西方文化影响中国时，中国文化也在影响西方。明清时期，以耶稣会为代表的天主教传教士，对中国传统典籍进行了深入的研究，并将其中一些具有代表性的典籍翻译成多种语言，与各种精美艺术品一起运回了欧洲。这些珍贵的文献，对欧洲的文艺复兴和启蒙运动产生了很大的影响。

《孔子画传》中孔子形象的版画
法国著名汉学家钱德明著
主要介绍孔子生平事迹

威廉・亚历山大绘制的《中国服饰》
1805年在伦敦出版，风靡一时

西洋画家与中国画

说起清朝的西洋画家，那就不得不提到郎世宁，他的画作是“中西合璧”的代表，他的《百骏图》更是被誉为“中国十大传世名画”之一，与《韩熙载夜宴图》《千里江山图》《清明上河图》齐名。郎世宁来自意大利，是虔诚的天主教教徒，于1715年来华传教，并很快成为备受皇帝青睐的宫廷画师。他将中西方绘画技巧相融合，留下了许多前所未有的、带着独特时代烙印的作品。

《百骏图》（局部）

PIVS·VII·PONT·MAX·AN·XXII

梵蒂冈周边博物馆名录（节选）

卡比托利欧博物馆

纳齐奥纳尔艺术博物馆

蒙特马蒂尼中心博物馆

罗马国家现代美术馆

伊特鲁里亚国家博物馆

巴贝里尼宫

波格赛美术馆

多利亚潘菲利美术馆

国立威尼斯宫博物馆

二十一世纪博物馆

望楼上的阿波罗

图书在版编目（CIP）数据

世界博物馆全书. 第一辑. 梵蒂冈博物馆 / 红糖美学著. -- 武汉：华中科技大学出版社，2024. 11.（世界瑰宝系列）. -- ISBN 978-7-5772-1165-7

Ⅰ. G269.1

中国国家版本馆CIP数据核字第20247RP307号

世界博物馆全书. 第一辑 梵蒂冈博物馆

Shijie Bowuguan Quanshu Di-yi Ji Fandigang Bowuguan

红糖美学 著

出版发行：华中科技大学出版社（中国·武汉）　　电话：（027）81321913
华中科技大学出版社有限责任公司艺术分公司　　（010）67326910-6023
出 版 人：阮海洪

责任编辑：张　颖　刘昊威　杨志新　　封面设计：JOJO
责任监印：赵　月　张　丽

制　　作：王玉平
印　　刷：北京兰星球彩色印刷有限公司
开　　本：889mm × 1194mm　1/16
印　　张：60
字　　数：550千字
版　　次：2024年11月第1版第1次印刷
定　　价：998.00元（全10册）

本书若有印装质量问题，请向出版社营销中心调换
全国免费服务热线：400-6679-118 竭诚为您服务